"넌 언제나 빛나"

당신의 웃음은 봄날의 온기처럼
세상을 따뜻하게 물들입니다
언제나 빛나는 당신을 응원합니다

양수진

_____

_____

_____

활짝 핀 웃음

2024년 6월 5일 1판 1쇄 발행

지은이 · 양수진
펴낸이 · 유정숙
펴낸곳 · 도서출판 등
기　획 · 유인숙
관　리 · 류권호
편　집 · 김은미, 이성덕

ⓒ 양수진 2024

주　소 · 서울시 노원구 덕릉로 127길 10-18
전　화 · 02.3391.7733
이메일 · socs25@hanmail.net
홈페이지 · dngbooks.co.kr

정　가 · 17,500원

| 차 례 |

PART 1 / 자아 탐구

유년의 에코 · · · · · · · · 10
자아 탐구 · · · · · · · · 12
기억의 미로에 갇힌 밤 · · · · 14
디지털 세상에 펼쳐진 나의 미래 · 16
웃음의 정의 · · · · · · · · 18
존재의 기적 · · · · · · · · 20
어른의 조건 · · · · · · · · 22
자기 성장의 발견 · · · · · · 24
질투라는 감정 · · · · · · · 26
그대는 혼자가 아니에요 · · · · 28
오늘, 행복 찾기 · · · · · · · 30
넘어짐의 성장 · · · · · · · 32
나는 어른이다 · · · · · · · 34
겸손의 가면 · · · · · · · 36
연극은 부질없는 사치 · · · · 38
인생 친구 · · · · · · · · 40
혼자만의 시간 · · · · · · · 42
치유의 속삭임 · · · · · · · 44
신뢰의 디딤돌 · · · · · · · 46
서로를 칭찬해 · · · · · · · 48
나를 칭찬해 · · · · · · · · 50

공감 능력	52
자신을 사랑하는 법	54
바늘귀 인연	56
의심의 거울	58
희망의 페달을 밟아	60
당신은 이 삶의 주인공입니다	62
함께하는 용기	64
오늘의 숨고르기 내일의 도약	66
행복해지고 싶은 그대에게	68
너그러운 시선	70
공감의 지혜	72
너만의 우주 창조	74
생명의 태양 아래	76
나는 나	78
행운의 본질	80
운 좋은 하루	82
동행	84

| 차 례 |

PART 2 / 인생 수업

우주에 기대어 · · · · · · · 88
삶은 몽상의 순례길 · · · · · 90
굳건한 희망 · · · · · · · · 92
긍정의 설계도 · · · · · · · 93
생각의 전환 · · · · · · · 94
오늘도 우뚝 서다 · · · · · · 96
나는 항해사 · · · · · · · 98
인생 수업 · · · · · · · · 100
마음이 인생 · · · · · · · 102
결의의 빙판 · · · · · · · 104
교묘한 속임수 · · · · · · 106
지렁이처럼 · · · · · · · 108
활짝 핀 웃음 · · · · · · · 110
일상의 선물 · · · · · · · 112
임자도 해변에서 · · · · · · 114
그리움의 방황 · · · · · · 116
커피 감성을 깨우다 · · · · · 118
이별 후에도 · · · · · · · 120
당신의 아틀리에 · · · · · · 122
좋은 관계 · · · · · · · · 123
나의 사랑 이야기 · · · · · · 124

언어의 책임 · · · · · · · 126
돌고래도 웃는다 · · · · · · 128
삶의 의미 · · · · · · · · · 129
소통의 부재 · · · · · · · · 130
잔돈 푼 인격 · · · · · · · 132
조용한 피난처 · · · · · · · 133
자연이 선사하는 위로 · · · · 134
승강장의 설렘 · · · · · · · 136
다르지만 같은 우리 · · · · · 138
자신에게 전하는 메시지 · · · 140
사랑의 힘 · · · · · · · · · 142
삶의 불균형 · · · · · · · · 144
변화 속 성장 · · · · · · · 146
겸손의 정의 · · · · · · · · 147
너와 나 그리고 우리 · · · · 148
선과 악 그 얇은 경계에서 · · · 150
디지털 가면극 · · · · · · · 152
함께하는 삶 · · · · · · · · 154
선한 친구 · · · · · · · · · 156
내가 사용하는 시간 · · · · · 157

에필로그 / 158

PART 1

자아 탐구

유년의 에코

아이들의 웃음소리가 놀이터를 가득 메우는 가운데 트램 펄린 위에서 뛰노는 아이들은 마치 작은 새들처럼 하늘을 향해 자유롭게 날아오르는 듯합니다 그 모습을 보며 저도 모르게 내 마음속 어린 시절의 문이 열리는 것 같습니다 햇살은 금빛 물결처럼 내 어깨 위로 부드럽게 흐르며 그 따스함이 온몸을 감싸 안아줍니다

굴러온 공을 차서 아이들에게 돌려주자 그들은 별처럼 빛나는 눈으로 나를 바라보며 환하게 웃습니다 그들의 웃음이 놀이터에 울려 퍼지며 그 순간 모든 근심은 마법처럼 사라집니다 아이들은 징검다리를 건너고 타이어 그네를 타며 용감하게 모험의 세계로 뛰어듭니다 그 모습은 마치 시간을 거슬러 올라가 체육복 바지를 껴입고 뛰어놀던 내 학창 시절로 돌아간 것만 같습니다

세상의 모든 복잡함이 잠시 멈춘 듯 순수의 세계에 발을 딛이며 잃어버렸던 어린 시절의 나를 만나는 순간입니다 아이들의 천진난만한 웃음은 마음의 무거운 짐을 가볍게 털어버리고 잊고 있던 유년의 기억들이 하나둘씩 떠오르며 내 안에 잠들어 있던 희망을 깨웁니다

놀이터를 떠나면서도 그 소리는 여전히 내 귓가에 메아리 치며 경쾌한 발걸음으로 새로운 하루를 맞이할 준비를 합니다 아이들과 함께한 시간은 마법 같은 순간으로 오래도록 내 마음 한켠에 아름다운 풍경으로 남습니다

자아 탐구

느림은 결국 생각의 첫 싹을 틔우는 발걸음
생각은 우아하게 행동으로 전환되는 서곡
행동은 혁신을 담은 나만의 화폭에 그려지는 첫 번째 붓질

기쁨의 물결과 슬픔의 계곡을 오가며
고민의 늪을 건너 자신을 발견하는 탐험의 여정
이해와 성찰의 미로에서 노력은 진전을 이끄는 나침반

마음속 베일이 서서히 걷히며 진실이 드러나고
경험은 내면의 지도를 색칠하며 변화는 진실을 더욱 선명히 그려낸다
시련은 가르침을 변화는 성숙을 선사하며
진실에 화답하는 미소 속에서 영혼은 무한을 향해 비상한다

현실이라는 무대에서 자아 탐구는 희망의 연극
내면의 심연을 탐험하며 미지의 영역을 개척해 나가는 순례
혼돈과 대립 속에서 균형을 찾아가며
자신을 직시하고 깊이 이해하며 초월하는 각성의 여정

삶의 물결에 순응하며 내면의 등불을 따르는 용기로
자신만의 이야기를 창조적으로 써 내려가는 끝없는 모험
그 여정에서 우리는 참된 자아를 만나고
세상과 하나되는 삶의 예술을 완성해 나간다

자아 탐구의 고귀한 길은 무한한 성장과 발전을 약속하는
영혼이 연주하는 경이로운 교향곡이다

기억의 미로에 갇힌 밤

차가운 바람이 무거운 정적을 실어 나르는 밤
나는 조심스레 숨을 고르며 시계를 응시한다
밤 11시 50분 시간은 나의 망설임을 비웃듯 흘러가고
생각의 깊이 속에 숫자들은 안개에 휩싸인 도시처럼 흐려진다

내 볼을 스치는 바람은 죄책감을 불러일으키는 질책처럼
기억은 파도에 쓸려가는 모래성처럼 희미해진다
이 혼돈의 순간 세상은 디지털 화면 속에 빠져들고
나는 기억의 가치를 되새기며 서서히 사라지는 기억력에 대한 번민에 잠긴다

매서운 겨울바람 속에서도 내 마음은 우주의 경계를 헤매고
기억의 미로에서 출구를 찾지 못한 채 방황하는 내 모습이 안타깝다
기억력의 퇴화에 대한 두려움 속에서
현관 앞의 방황은 우리 삶의 복잡함을 상징하는 듯하다

그때 길 잃은 나를 이끌어준 친절한 이의 도움으로
이웃의 도움으로 집의 따스함에 돌아와 안도의 한숨을 내쉰다
비록 내일이 안개처럼 불확실할지라도
가능성의 문은 어디에서든 열릴 수 있음을 깨닫는다

시간의 흐름 속에 기억이 흐려질지라도
나에게 내밀어진 도움의 손길로 오늘도 따뜻한 추억 하나 마음에 새긴다

혼란한 순간 속에서도 우리는 서로에게 희망이 되어주니
이 길을 함께 걸어가는 동안 우리의 온기가 어둠을 밝혀 주리라
비록 앞날이 불확실할지라도 우리 마음속엔 친절이 살아 숨쉬고
그 온기로 우리는 서로의 삶에 봄날의 햇살이 되어준다

디지털 세상에 펼쳐진 나의 미래

디지털 캔버스 위에 내 마음을 펼쳐보자
픽셀이 만든 펜으로 생각의 색을 입혀
나의 이야기를 그려내자

엔터 키 뒤에 숨은 진심을 꺼내며
스크롤 중 발견한 추억의 조각들
삭제된 게시물 속 잊힌 고백들
디지털 속에서만 볼 수 있는 나의 또 다른 얼굴

온라인 세계를 탐험하며 버퍼링이 잠시 소통을 멈추게 해도
가상의 지평선 너머로 끝없는 모험이 펼쳐진다
이모티콘 만으로 깊은 공감을 전하고
해시태그는 생각과 경험을 잇는 다리가 된다

익명의 그늘에서 찾은 위안
좋아요 한 번에 느끼는 연대감의 울림
디지털 세상 속에서 새로운 자아를 만나며
비밀스런 이야기를 나누며 진실한 유대를 쌓아간다

오늘도 나는 디지털 무대에 나를 투영하며
픽셀 사이에 감춰진 내면을 탐구하고
새로운 가능성을 열고 미래의 페이지를 넘기며
자신만의 경로를 만들어간다

웃음의 정의

웃음은 마음의 날개
감정의 하늘을 자유롭게 나는 기쁨의 새로 시작합니다
한 줄기 미소는 바람결에 실려 퍼지는 행복의 향기로
삶의 황야를 가로지르는 여정에서 시간의 오아시스 같아
지친 영혼을 위로하고 새로운 희망을 싹 틔우는 안식처입니다

흘러가는 세월 속에서도 만개하는 순수의 꽃
세상의 때가 묻지 않은 깨끗한 마음으로 피어나
잃어버린 동심을 되찾게 해주는 마법 같은 존재입니다
웃음은 우리 인생을 밝고 빛나는 보석으로 만들어주는 연금술사
고난과 역경을 희망과 행복으로 변화시키는 놀라운 힘을 지녔습니다

씁쓸한 인생의 물감을 환희로 물들이는 예술가
슬픔과 절망을 밝고 따뜻한 색으로 채색하고
우리 삶의 캔버스를 아름다운 그림으로 탈바꿈시킵니다

웃음은 영혼이 무지개처럼 빛나게 하고
어둠 속에서도 웃음으로 희망을 노래하며
기쁨의 멜로디를 함께 연주하는 삶의 댄스 파트너입니다

이 순간 당신의 웃음은 봄날의 온기 타고 세상을 따뜻하고
행복하게 만들어줍니다

존재의 기적

숨 막히는 고립 속에서도
고독과 상실이 감정의 진실을 밝히며
시간의 선율에 천상의 위안을 찾습니다

이성은 다스림의 예지로 평온을 되찾아오며
분쟁과 낙담 사이에서 다채로운 감정이
지혜의 장식을 이루고 깊은 이해의 빛을 내면에 비춥니다

내면의 목소리에 귀 기울이세요
고통은 반성의 기회가 되고 시련은 변화의 촉매제입니다
자신의 가치를 믿으세요

당신은 사랑받을 존재이며
자신과의 소통에서 위로를 찾아내니
고요한 순간 내면의 힘을 인지하게 됩니다
그 힘으로 모든 난관을 극복할 수 있습니다
당신의 존재는 그 자체로 우주의 별자리에 새겨진 기적입니다

어른의 조건

구름처럼 유영하며 세상을 조용히 바라보세요
우리는 때로 성공과 지위에 사로잡혀 진정한 어른의 의미를 잊곤 합니다
하지만 삶의 본질은 다른 이들을 배려하고 옳은 것을 지키는 데 있습니다

겉치레뿐인 세상은 허상일뿐 우리가 살아가는 곳은 결국 사람들 사이입니다
건강한 마음으로 살아갈 때 우리는 더 나은 세상을 만들어 갈 수 있습니다
한 사람 한 사람이 바람직한 변화를 이룰 때 세상은 조금씩 나아집니다

부끄럽지 않기 위해 우리는 진실과 용기를 갖춰야 합니다
모르는 것은 죄가 아니지만 알면서도 묵인하는 것은 더 큰 잘못입니다
영혼을 따라 정직하게 살아갈 때 우리는 진정한 자유를 얻습니다

작은 발걸음이라도 옳은 길을 향해 나아가세요
매일의 선택과 행동으로 자신을 고찰하며 성숙한 어른으로 거듭나세요
당신의 모범이 주변을 밝히는 등대가 되어 더 나은 세상을 만드는 데 일조할 것입니다

우리는 모두 연결된 세상에 살고 있습니다 당신의 변화가 세상을 변화시킵니다
진실과 용기, 배려와 책임감으로 살아갈 때 우리는 진정한 어른으로 성장합니다
부끄럽지 않은 삶 당신이 만들어갈 새로운 세상의 시작입니다

자기 성장의 발견

계획의 기반이 확고해질 때 목표를 향한 청사진이 그려집니다 우선순위를 정리하고 세우며 성공으로 가는 디딤돌을 차근히 쌓아올립니다
학습의 길에 들어서면 지식의 샘이 마음 깊숙이 솟아오르며 호기심과 열정이 이끄는 미지의 영역에 새로운 발자국을 남깁니다 난관에 맞닥뜨릴 때마다 경험과 창의력으로 문제를 해결하고 도전을 기회로 전환합니다

변화의 계절에도 유연한 사고로 적응하며 끊임없는 학습을 통해 새로운 지평을 개척합니다 성장을 위해 겪는 고뇌 속에서 진정한 자아와 마주하고 내면의 목소리에 귀 기울이며 도약합니다

자신과의 대화를 통해 고유한 가치와 방향성을 깨닫고 잠재력의 날개를 펼치며 계획과 실행 학습과 성찰의 순환 속에서 성장합니다 끊임없는 노력과 발전을 통해 우리는 점점 더 가치 있는 존재로 거듭나며 인생이라는 작품에 자신만의 색을 칠하고 현재의 순간 속에서 성장의 결실을 맺습니다

질투라는 감정

공정함의 돛을 올려 인정의 바다를 항해할 때 우리는 질투의 섬을 멀리하고 넓은 지평을 바라봅니다 편애의 안개와 질투의 그늘은 서서히 걷히며 이해의 광활한 바다로 나아갑니다 내 안의 거울을 들여다보며 자신과의 경쟁을 넘어 긍정의 힘을 발견하세요 그 힘으로 세상을 변화시키며 질투조차 성찰의 도구로 승화됩니다

때로는 사랑보다 깊은 공감이 필요할 때 먼 길을 함께 걸으며 진실한 모습으로 서로를 마주할 때 진정한 유대가 싹트며 서로를 있는 그대로 받아들이게 됩니다

인연은 밀어내도 되돌아오며 이런 만남을 통해 우리 자신을 성찰하고 질투와 감정을 성장의 밑거름으로 활용합니다
일상의 평온을 추구하며 타인에 대한 이해와 배려를 실천할 때 서로의 행복을 꿈꾸는 관계가 자라납니다 소통의 다리를 놓고 서로에게 없어서는 안 될 존재로 자리매김합니다

그대는 혼자가 아니에요

상처 입은 그대여 눈물을 닦아내고 다시 일어서세요
어둠 속에서도 희망의 빛을 붙잡고 좌절의 끝에서 새로운 시작을 맞이하세요

아픔 위에 약을 바르는 것은 쓰라리겠지만 자신을 향한 연민으로 품어주세요
마음의 문을 열고 세상을 향해 걸어가 보세요
어느새 상처 위로 새살이 돋아나고 있을 거에요

지금의 고통도 시간이 지나면 추억으로 변할 거에요
그대의 발자취는 삶의 이야기가 되어 다른 이들에게 전해지고
그대의 노력에 주변의 함성과 응원이 울려 퍼질 거에요

그대는 혼자가 아니에요
가족과 친구 동료들이 언제나 그대 곁을 지키며 응원하고 있을 거에요

상처는 아물고 새 희망이 피어나는 그날을 향해
더 밝고 따뜻한 내일을 함께 만들어가요
오늘의 미소가 내일을 환하게 비출 거에요

오늘, 행복 찾기

고요한 새벽 그녀는 세상과 소통하며 하루를 시작합니다 길가의 꽃과 나무에게 인사를 건네며 자연과 교감하고 평화로운 일상을 찾아 일터로 발걸음을 옮깁니다 점심시간에는 공원에서 재충전의 시간을 보냅니다

매일 걷는 길에서 스트레스가 서서히 사라지며 예상치 못한 상황에서도 그녀는 균형을 잡고 "나는 해낼 수 있어!"라는 다짐으로 도전에 맞설 용기를 얻습니다

동료들과 나누는 웃음과 독서 모임은 새로운 에너지를 선사합니다 일기장에 기록된 소소한 행복은 그녀의 삶을 더욱 빛나게 합니다

감사함을 알고 매 순간 행복을 발견하며 그녀는 삶을 아름답게 가꾸어 갑니다 힘든 날도 있겠지만 행복을 선택하며 매일 한걸음씩 나아갑니다

작은 기쁨을 찾는 것은 그녀의 삶을 풍요롭게 하며 행복의 지표가 되어줍니다 자연을 느끼고 동료와 함께 성장하며 감사한 하루를 축복으로 여기는 그녀에게 모든 날은 행복의 선물이 됩니다

넘어짐의 성장

삶의 여정은 자기 발견의 탐험길
예측 불가한 도전 속에서 우리는 계속 나아간다

예기치 못한 시련에 부딪혀 깊은 상처를 받을 때
영혼 깊숙이 울리는 절규를 듣게 되지

"언제나 이 고통이 끝날까?" 하며 희망을 찾아 헤매고
후회가 되풀이되며 스스로를 더 깊게 파고든다

표면적인 평온 뒤에 숨겨진 아픔과 쓴웃음 속에 감춰진 슬픔
마음의 골짜기는 절망의 그림자로 가득 차 있으니

자기 의심과 비난은 성장을 가로막는 무거운 쇠사슬
진정한 자신감의 빛으로 그 어둠을 몰아내야 한다

넘어짐은 성장을 위한 필수 과정
자기 성찰로써 더 높이 솟아오를 수 있는 기회로 삼자

인생이라는 캔버스 위에 내가 주인공
용기와 자신감으로 삶의 어려움을 마주할 때 참된 성장이
시작된다

고요한 마음으로 자신의 소리에 귀 기울이고
어떤 여정이든 포기하지 않는 의지가 승리로 이끈다

자신을 믿고 사랑하는 것
그것이 우리 각자를 미로에서 이끄는 지혜이자 빛

스스로의 힘으로 상처를 치유하고 성장하며
힘든 현실 속에서도 희망을 잃지 않는 용기로

새로운 나를 발견하고 나아가는 여정
그 길에서 내면의 진정한 자아를 만나리라

나는 어른이다

어린 시절의 기억이 부드러운 파도처럼 지나가
한때 그 무거운 짐을 진 어른들처럼 이제는 내가 그 자리에서
유리창에 비친 내 모습은 때로 빌린 같아 보여도
어른의 삶이 단지 라벨을 넘어선
내적 도전과 극복의 연속임을 이해해
어릴 적 눈에 비친 어른은 만능의 존재였으나
이제 내 눈앞의 현실

매일을 견디며 혼란 속에서도 앞으로 나아가는 것
뚫을 수 없는 벽은 존재하지 않음을
진정한 용기와 결단력만이 필요하다는 것을 알게 되었지
현재 나는 어른이다
험난하게 닥친 난관들은
나를 더 단단하게 만드려는 체력훈련일 뿐

어린 나의 꿈에 그려진 마법사는 이제 나 자신
현실의 난제들 속에서도 용기내어
어릴 적 나의 바램을 하나씩 실현해 가
험난함 속에서도 나는 나 자신의 길을 개척하며
내 삶의 주인으로서 매일을 새로운 희망으로 채워 가
비록 완벽하지 않을지라도

겸손의 가면

겸손의 베일 뒤 깃든 깊은 울림 속에
초월한 겸손 그 스스로를 잃어버린 채
흐린 빛 안개 속에 은폐된 참된 빛깔
겸손 그 높은 덕 그러나 또한 삼가야 할 미끄러운 길
자아의 심연에서 길을 찾는 여정
그 고요 속에 피어나는 참된 자신의 빛
겸손 너머 성찰의 틈새로 비추는 깨달음
스스로의 가치에 경의로 자신을 알기의 시작
조화로운 존재의 직물을 짜며
겸손의 가면 뒤 숨 죽인 자아를 깨우고
그 감금된 광채를 용감히 드러내며
진정한 배려 그것은 겸손의 새로운 정의
때로는 담대함으로 때로는 섬세함으로
자신의 노래를 스스럼없이 부르며
동시에 타인의 멜로디에 귀 기울이는
겸손과 자부심 그 섬세한 춤을 추며

연극은 부질없는 사치

눈부신 연기 속에 숨어 있는 깊은 감정들
무대 뒤에서 조용히 자라는 자만의 씨앗
모두가 화려한 연극으로 자신의 부를 과시하며
사치스러운 삶의 일부로 만들어낸다

외로움을 품은 마음에 손을 내밀며
믿음의 다리를 건너보려는 미묘한 시도
"네 곁에 있음으로 세상이 변할 거라 믿었지만"
그 말은 결국 무너지는 환상에 지나지 않았다

이 모든 연극은 결국 한순간의 꿈
사기극의 장면들은 점차 빛을 잃어간다
거짓의 베일 뒤에 숨은 진실은 언젠가 드러나
진실만이 시간의 시험을 견뎌냄을 기억하자

인생 친구

사랑이 깃든 속삭임은 마음의 깊은 곳에서 울려 퍼지는 선율로
서로의 존재만으로 완성되는 평화와 기쁨의 순간을 선사하고
그가 내 뺨에 닿을 때 나는 숲속의 평화를 느끼며 모든 것을
사랑으로 물들이길 바라네

우리의 사랑은 시간을 이겨내는 강인한 등대로
삶의 험난한 길에서도 서로의 손을 꼭 잡고
그의 눈 속 나의 모습은 세상에서 가장 훌륭한 걸작으로 반짝이네
인생의 여정에서 우리는 서로에게 빛과 희망이 되어주고
어떠한 어둠도 우리의 사랑을 흔들 수 없으며
그 사랑은 내면을 밝히는 가장 밝은 빛이 되어주네

당신은 내 영혼의 짝이자 함께할 때 완성되는 존재
우리의 사랑은 시간을 넘어 영원한 빛을 발하며
이 불멸의 아름다움은 우리의 모든 시간을 빛나게 할 것이네

너와 나 우리의 사랑이 우리 삶을 예술로 승화시키며
매 순간을 축복으로 삼아 우리의 이야기가 영원한 아름다움
으로 기억되길 바라네

혼자만의 시간

고독의 순간 마음은 고요한 숲으로 떠납니다
그 깊은 곳에서 세상의 소음은 사라지고
자신만의 공간에서 참된 자유를 발견하게 됩니다

적막을 뚫고 깊은 호흡을 하며
고독이 주는 자유로운 날개를 펼칩니다

홀로 있는 시간이 결코 헛되지 않습니다
오히려 우리 자신을 찾아가는 귀중한 순간
생각의 길을 따라 또 다른 자아를 탐색하는 여정입니다

혼자만의 시간 속에서
마음의 안정과 치유를 경험하고
고독이 선사하는 자유를 만끽합니다

고독한 시간이 우리를 진정으로 자유롭게 하며
자신을 사랑하는 법을 깨우쳐 줍니다

치유의 속삭임

산이 전하는 선물 그 적막의 품 안에서
우리는 잠시 모든 짐을 벗어 던지고
세상을 바라보는 새로운 눈을 얻게 되네

깊은 숲의 노래 오랜 나무에 기대어
영혼 깊숙이 스며드는 치유의 속삭임에
우리는 다시금 인생의 여정으로 발걸음을 옮기네

산이 약속하는 자유 그 해방의 찰나에
고요한 고독을 통해 우리는 자각하네
삶이란 자신을 사랑하는 기술임을

내면의 소리에 귀기울이고 자신을 온전히 받아들이는 것
자신의 상처와 결점마저 품어 안을 때
우리는 비로소 완전한 자유를 만끽하리

산의 정적 속에서 자신과의 대화를 나누며
내면의 지혜와 힘을 발견하는 시간
자신을 온전히 신뢰하고 존중할 때
우리는 삶의 진정한 주인공이 되리

자신을 사랑하는 법은 산이 가르쳐주는 가장 소중한 선물
고독의 순간 우리는 성장하고 진화하니
자신과의 화해야말로 가장 아름다운 사랑의 모습이니

산이 전하는 메시지에 귀 기울이며
자신을 온전히 껴안는 용기를 배우세
그렇게 자신을 사랑할 때 비로소 우리는
삶의 진정한 의미와 가치를 깨닫게 되리

신뢰의 디딤돌

누군가 슬픔의 늪에 빠졌을 때
조용히 다가가 그 손을 부드럽게 감싸주면
온기 어린 터치가 마음의 균열을 어루만져
희망의 빛이 눈물 너머로 서서히 피어나게 합니다

단 한 번의 따뜻한 손길이 서로간의 신뢰를 쌓아
고요한 침묵 속에서도 깊은 연대를 맺게 하는 힘을 발휘합니다

마음의 손길은 무언의 위로로 믿음의 씨앗을 키우고
슬픔을 위안으로 바꾸는 정서적 안식처를 제공합니다

위로하는 손길은 때로 천 마디 말보다 강하며
그 따스한 온기로 상처 입은 영혼을 감싸주면
아픔의 그늘이 걷히고 희망의 새싹이 돋아납니다

서로를 칭찬해

세상의 짙은 그림자가 마음을 짓눌러도
서로를 향한 격려의 말은 희망의 촛불이 되어
어둠을 밝히는 빛이 되어줄 거예요

힘겨운 시간 속에서도 자신을 응원하는 마음을 잃지 말아요
당신의 용기와 노력이 빚어낼 변화를 믿으며
칭찬의 언어로 서로의 마음을 따뜻하게 감싸주세요

작은 믿음의 씨앗들이 모여 아름다운 꽃밭을 이루듯
우리의 삶도 자신감의 결실로 가득 채워질 거예요

오늘 지금 이 순간부터 소중한 사람들에게
사랑과 격려의 말을 전해보는 건 어떨까요?
그 진심어린 말들이 마음속에서 자라나
상대방의 삶을 환히 비추는 밝은 빛이 될 테니까요

칭찬의 멜로디가 우리의 영혼을 어루만져 주면
한층 더 강인해진 우리는 어려움도 마다하지 않을 거예요
함께 손을 맞잡고 걸어가는 이 길 위에서
서로가 서로에게 희망의 등불이 되어 주기를

칭찬이라는 이름의 아름다운 선물을 나누며
우리 각자의 빛을 더해 어둠을 밝혀나가요
희망을 노래하는 우리의 목소리가
이 세상에 사랑의 온기를 전할 수 있도록

나를 칭찬해

세상의 광풍 휘몰아치는 바다에 배 띄워도
여전히 자신을 다독이는 사랑의 주문을 외워

영광의 순간이 아니라 시련의 시간속에도
내면의 횃불에 기름을 부어 자신을 북돋워야 하는

칭찬이야말로 우리 내면의 숲에 생명의 바람 일으켜
아직 마주하지 않은 역경에 맞설 용기 되어 주었네

그 마법의 주문 한마디 믿고 시간의 물결 헤쳐 나가면
주변인들도 우리의 진면목을 알아보게 되리

칭찬으로 희망의 불꽃 지피고
내적 강인함 단련해 실패의 한계도 극복하였지

작은 자부심이 모여 삶을 아름답게 수놓고
따스한 순간들이 우리의 본질을 물들였네

그러니 오늘부터라도 칭찬의 작은 씨앗 뿌려
그 새싹이 자라 너의 삶을 은은히 비추겠지

너의 참모습을 있는 그대로 드러낼 것이며
그때 비로소 너는 내면의 광채를 발하리라

계절마다 봄을 맞이하듯 자신에게 사랑을 선물하라
그리하여 삶이 풍성해지고 가치 있어지리라

너 자신을 향한 칭찬의 세레나데 울려퍼지는
그 노래는 삶의 난관을 넘어설 힘이 되어주리라

너의 내면에 깃든 아름다움과 잠재력을 일깨워
세상에 너만의 독특한 색채를 수놓아 가거라

공감 능력

생각의 넓은 벌판에서 얽힌 실타래
심연을 관통하는 섬세한 바늘귀를 통해
다양한 색상의 실을 엮어 서로 이해의 다리를 놓아

바늘귀를 통과하며 각자의 길을 찾아가는 여정 속에서
소통을 통해 우리는 결속되어 전진합니다

서로의 존재를 인식하고 존중하는 것
그것이 우리가 함께 가야 할 길의 시작
오해와 공감이 혼재된 세계에서
서로의 마음을 열어야 할 필요가 여기에 있습니다

역경을 헤쳐나가며 얻는 교훈
이해는 우리에게 깊은 통찰을 주며
그 안에서 우리는 인간의 참된 가치를 발견합니다

서로를 이해하려는 노력이 희망의 원천이 되고
인간의 본연의 아름다움을 찬미하며

이해와 포용의 길을 함께 걸어

우리 각자가 독특한 빛을 담은 실이라 할지라도
바늘귀를 통해 얽히면 하나의 복잡하고 아름다운 이야기를
만들어냅니다

생각의 바다에서 각자의 섬처럼 떠 있으나
서로를 연결하여 소통과 이해의 다리를 건설하는 과정
그것은 우리가 짜내야 할 공감의 직물입니다

자신을 사랑하는 법

어제까지 환희가 꽃피었던 그곳에서
오늘은 어찌된 일인지 적막과 냉대가 응답하네
이 예기치 못한 변화는 마치 벼락이 심장을 찢어놓는 듯
충격의 파도 앞에 서면 우리는 어떤 항로를 택해야 할까?

답은 간명하고 분명하다
그저 그들을 저 자리에 남겨 두고 한 걸음 내딛으면 그만
무례의 행간 속에서 발견하게 되는 것은
자기 자신에 대한 깊은 성찰과 연민이다

시간의 흐름 속에 등장할 진정한 동행자를 기다리며
지금의 고독이 내일의 성숙으로 탈바꿈할 것을 믿으며
현재의 외로움을 귀하게 여기고
자신의 항해에서 새로운 출발을 그려보자

어제의 환희와 오늘의 적막 사이에서
우리는 자신의 힘으로 다시금 일어서서
자신의 발자취를 남기며 성장의 진가를 깨우친다

이 모든 역경이 결국 나를 더욱 단단하게 다지리니
따돌림의 그늘 속에서도 희망의 빛을 발견하고
내면의 목소리에 귀 기울이며 자신의 가치를 일깨우자

자신을 사랑하고 존중하는 법을 배우는 것
그것이 바로 이 시련의 선물이자 성장의 기회이니
타인의 시선에 흔들리지 말고 당당히 자기 길을 걷자
그대 홀로 빛나는 존재임을 그 누구도 가릴 순 없으니

바늘귀 인연

바늘귀를 통과하며 각자의 길을 찾아가는 여정 속에서
소통은 우리를 결속시켜 전진합니다
서로의 존재를 인식하고 존중하는 것
그것이 우리가 함께 가야 할 길의 시작입니다

오해와 공감이 혼재된 세계에서
우리는 서로의 마음을 열고
상대방의 입장에서 생각하며 경청하는 자세로
진정한 소통의 핵심을 이룹니다

우리 각자가 독특한 빛을 담은 실처럼
바늘귀를 통과하며 하나의 아름다운 이야기를 짜내듯
다양한 색깔과 질감의 실들이 어우러져
세상에 없던 새로운 무늬를 창조합니다
비록 생각의 바다에서 각자의 섬처럼 떠 있을지라도
공감의 다리를 통해 서로를 이해하고 연결하며
상대방의 감정을 내 마음으로 느끼고
그들의 생각을 깊이 이해할 때

비로소 우리는 하나의 공감 공동체로 거듭납니다
서로 다른 개성과 가치관을 인정하고 포용하며
우리는 더 큰 하모니를 창조할 수 있습니다

이 공감의 직물을 함께 짜내는 과정은
결코 쉽지 않은 도전이 될 것입니다
하지만 그 과정 속에서 우리는 성장하고
더 깊은 이해와 연대의 힘을 얻을 수 있을 것입니다
지금 이 순간 바늘귀를 통과하는 우리의 여정에서
공감의 실을 꽉 붙잡아
서로의 마음을 꿰뚫는 통찰력과 연민의 손길로
우리가 함께 짜 나갈 세상의 아름다운 이야기를 시작합시다

어둠 속에서도 서로를 비추는 등불이 되어
공감의 빛으로 우리의 길을 밝힙시다
소통의 바늘과 공감의 실로 엮어진
사랑과 이해의 직물을 만들어
우리 손으로 짠 이 공감의 천에
희망과 연대의 메시지를 수놓읍시다
서로 다른 색실로 만들어진 하나의 그림처럼
우리 모두가 조화를 이루는 세상을 향해 나아갑시다

의심의 거울

의심의 거울을 내던지자
그것은 진실을 가리는 불투명한 장막일 뿐
가장 어려운 상황에서도 굴하지 않는 너의 용기여
시련 속에서 철통 같은 의지로 빛나주렴

폭풍우 속에서도 꿋꿋이 서 있는 너의 모습
희망의 등대는 언제나 너를 향해 빛을 비추고 있음을 잊지 마
지나간 고난의 파도를 되돌아보면
믿음은 역경을 이겨내는 닻이 되고 인내는 성장의 씨앗이 되지

더 이상 스스로를 의심하지 말고 네 안의 잠재력을 일깨워
희망이 이끄는 길로 당당히 걸어가렴
영혼 깊은 곳에서 타오르는 힘으로
두려움을 떨쳐내고 앞으로 나아가자

의심의 그물을 벗어 던지고 자유의 날개를 펼쳐 하늘로 날아
오를 때
네가 진정으로 갈망하던 자유를 온몸으로 느낄 수 있으리
믿음을 방패삼아 희망의 횃불을 높이 들고
용기 있게 미래를 향해 전진하렴

넘어져도 다시 일어서고
좌절해도 결코 포기하지 않는 그 의지가 너를 인도할 거야
네 안의 빛을 믿고 나아가는 너에게
세상은 기회와 성공으로 보답해 줄 것이니

희망의 페달을 밟아

한때는 미래를 두려워하던 소녀가 이제는 자신감을 품고 당당히 질주하네
붉게 익은 석류 알처럼 충만하고 터질듯 한 순간들
그 향기로운 추억들이 그녀의 삶에 아로새겨지네

상처가 남긴 흔적 위에서 희망의 빛은 더욱 강렬히 타오르고
미래를 향한 자전거가 경쾌한 리듬으로 전진하며
매 페달 굴림마다 과거의 낙인은 점점 멀어져 가네

오르막길에서 숨이 차오르지만 극복의 의지로 힘껏 페달을 밟아내네
이마에 맺힌 땀방울은 극복의 징표
방울이 승리의 무게를 담고 흘러내리네

휘파람 부르며 새로운 시작으로 달려가며
자전거 위에서 바람을 가르는 그 벅찬 기쁨 속에
그녀는 두 바퀴 위에서 매 순간마다 새로운 인생의 페이지를 채워가네

당신은 이 삶의 주인공입니다

살다보면 때로는 좌절이 문을 활짝 열고
실타래 엉키듯 문제가 산적할 때가 있습니다
그러나 언제나 당신을 지지하고 응원하는 눈빛이 있음을 잊지 마세요

진심어린 말 한마디와 스스로를 믿는 마음
이것들이 바로 험난한 인생길을 걷는 든든한 지팡이입니다
기회는 흘러가는 강물처럼 잡기 어렵지만
노를 저으면 새로운 지평에 도달할 수 있습니다

매순간 최선을 다하는 태도와 자신을 외면하지 않는 용기
이것이 바로 당신을 삶의 주인공으로 만드는 비결입니다
넘어져도 다시 일어서는 힘 실패를 성장의 밑거름으로 삼는 지혜
이런 자세로 인생 무대를 즐겨보세요
당신의 이야기에 귀 기울이는 사람이 있고
당신 스스로가 자신을 응원하는 한 어떤 어려움도 극복할 수 있습니다

당신의 인생은 새로운 장을 향해 나아갑니다
지금까지 힘들었던 여정은 뒤로하고 새로운 이야기를 써 내려가세요

삶의 주인공은 바로 당신입니다
자신을 사랑하고 믿는 마음으로 오늘도 당신만의 발자취를 남기세요
당신의 인생에서 가장 빛나는 순간들이
바로 지금 이 자리에서 시작됩니다

함께하는 용기

삶의 어려움이 찾아올 때
혼자서 버티려 하지만
자신을 위한 현명은 취약함을 인정하고
도움을 받아들이는 데에서 시작됩니다

자신을 돌보고 한계를 인지하며
성장을 위해 노크하는 것
그것이 용기의 본질입니다

무거운 짐을 홀로 짊어지다가
넘기 어려운 장애물에 부딪혔을 때
주위의 도움을 받아들이는 것이
지혜로운 선택이 됩니다

서로의 강점을 모아 한 걸음씩 내딛으면
연대와 지지의 소중한 가치는
문제를 넘어서 깨닫습니다

함께 웃고 울며 서로를 북돋우면
우리는 성장하고 역경을 극복합니다

고민을 함께 나누는 것
그것이 강인함으로 나아가는 첫걸음입니다

주저하지 마세요 손을 내밀어 보세요
우리는 언제나 당신 곁에 있습니다

지금 이 순간에도 당신은 혼자가 아닙니다
우리는 인생이라는 등반의 파트너입니다

어려움을 마주할 때마다 서로에게 기대세요
안전한 관계의 품에서 우리의 연대는
정상을 향한 길잡이가 됩니다

손을 잡고 웃음을 나누며 함께 나아가는 우리
그 속에서 온정의 힘을 발견할 것입니다

이제 당신의 이야기를 나누어 주세요
여기 당신을 이해하고 함께 할 사람들이 있습니다

오늘의 숨고르기 내일의 도약

쉼은 단순한 휴식이 아니라
어제를 되돌아보고 내일을 계획하는 성찰의 시간입니다

새로운 도전을 위한 에너지를 충전하며
불가능을 가능으로 바꾸는 힘을 키웁니다
포기하지 않고 인내를 통해 승리의 길을 배우죠

자신의 한계에 부딪혔을 때
숨고르기는 다시 일어설 용기를 주며
찬란한 미래를 향한 원동력이 됩니다

쉼 없이 달려온 자신을 위해 잠시 멈추고
새로운 시각으로 세상을 바라보는 여유를 가지세요
오늘의 휴식이 내일의 성장으로 이어지며
우리는 한 층 더 성숙해진 모습으로 변화합니다

인생이라는 놀이터에서 다시 출발선에 서서
새로운 내일을 향해 나아갑니다
쉬어가는 것이 때로는 더 큰 성장을 가져옵니다
오늘의 숨고르기가 내일의 도약을 만드는 순간
우리 모두 자신만의 속도로 위업의 길을 걷습니다

행복해지고 싶은 그대에게

행복은 돈으로 살 수 없는 소중한 선물입니다

그것은 마치 하늘의 별처럼 손을 뻗어도 잡을 수 없는 존재이지만 우리 마음속에서 반짝이는 작은 기쁨들이 모여 빛나는 은하수가 됩니다

물질로는 채울 수 없는 이 행복은
진심으로 느끼고 경험하며 가꾸어가는 나의 시간입니다
사랑하는 이들과 함께 웃을 때 더욱 빛나며
서로를 이해하고 나눌 때 그 소중함을 깨닫게 됩니다

행복은 타인에게서 찾는 것이 아닙니다
감사하는 마음으로 매일을 채워가며
내 안에 숨겨진 행복을 발견하고 꺼내 볼 수 있습니다

친구와 함께 걷는 길 소중한 사람과 나누는 시간
눈부신 햇살 아래 마주하는 내 모습에서도 행복의 깨달음이
피어납니다

우리 각자는 자신만의 행복의 의미를 찾아가는 여정 중에 있습니다

진실로 행복해지고 싶은 그대에게
오늘이 가장 아름다운 날이 되기를 기원합니다

너그러운 시선

살아가는 방법은 저마다 다른 이야기야
누구도 정답을 알 수 없는 미로와 같지
내겐 당연한 일상의 풍경도
그들에겐 숨겨진 사연의 한 페이지일 거야

시련의 폭풍에 깊이 상처받을 때마다
그들의 영원에선 절규가 메아리치고
"언제쯤 이 고통에서 벗어날까?"라는 물음 속에서
희망의 불씨를 지키려 애쓰는 모습이 보여

미소의 가면 뒤에 감춰진 아픔과
웃음 속에 숨겨진 슬픔을 우리는 알지 못해
그들의 숨겨진 이야기 속에 어떤 상처가 자리 잡았는지

섣불리 판단하거나 단정 짓지 않는 것이 좋겠어
대신 그들의 이야기에 귀 기울이고 공감의 손길을 내밀어 봐
서로의 상처를 보듬어 줄 때 비로소 우리는 진정한 동행을
할 수 있어

타인을 비난하기에 앞서 자신을 성찰하고
우리 모두가 각자의 짐을 지고 인생의 여정을 걷고 있음을
기억해
조금 더 너그러운 마음으로 서로를 바라보는 거
그게 우리가 더 나은 세상을 만들어가는 첫걸음이 될 거야

공감의 지혜

미로 같은 숲에서 길을 잃고
내 진실을 찾아 헤맸어
미지의 세계로 발걸음을 옮기며
타인의 눈길과 마주칠 때
새로운 깨달음이 의미를 되살렸지

이 변화의 바람이 우리의 인식을 넓혔고
서로를 이해하는 문을 열어주었어
나는 나의 자리에서 그들의 세계를 바라보며
공감의 교차로에서 서로 가까워지는 걸 느꼈어

우리 각자의 독특한 가치를 인정하는 것
그것이 사랑의 진정한 의미였고
주고받는 과정에서 진정한 지혜를 배웠어

공감이 이끄는 이 길에서
다양한 경험을 나누며 함께 성장하고
그 여정이 우리 삶에 깊이를 더했어

너만의 우주 창조

우주 별빛처럼 눈부신 너 상상력의 밀림 속에서 너만의 세계를 일궈가렴

날갯짓으로 이상향을 그려내는 캔버스에 생명의 온기를 담으며 네 안의 무한한 가능성이 마법처럼 현실이 되네

창조의 신비가 네 손끝에서 피어나며 이곳에서 불가능은 존재하지 않아

열정의 마그마로 새로운 길을 개척하며 너만의 독특한 세계를 창조해 나가
기쁨과 희망으로 가득찬 이 이상향에서 꿈꾸던 모험을 계속해서 펼쳐 나가며
너는 이 우주의 창조주로서 너만의 방식으로 세상을 재창조하고 별빛을 수놓아가

내면의 경이로운 우주를 탐험하며 너만의 이야기를 자유롭게 써 내려가렴
너의 상상력이 빚어낸 세계 속에서 한계를 뛰어넘는 모험을 계속하며 너만의 빛으로 우주를 밝혀가는 창조의 여정을 이어가렴

생명의 태양 아래

절망의 포자가 어둠 속에서 몰래 뿌려지고
독액을 머금은 가시들이 고통의 열매로 자라나리

그러나 희망의 씨앗이 비옥한 영혼의 토양에 심어지면
사랑의 온기로 자란 새싹은 생명의 태양 아래 피어오르리

정성을 다해 가꾼 정원에서 황금빛 수확이 우리를 기다리며
감사와 사랑의 걸음으로 인생의 들녘을 걸으리라

우리가 바친 헌신은 결국 무한한 축복으로 돌아오며
뿌린 대로 거두는 법 이는 우주의 진리니

지금 이 순간부터 사랑과 감사의 씨앗을 뿌려보자
그 씨앗들이 자라 우리의 삶을 영롱한 빛으로 채우리라
희망과 기쁨의 빛으로 가득 찬 인생의 걸작
그 속에서 우리는 진정한 행복을 발견하리라

나는 나

자신을 소중히 여기는 것이 자비의 시작이다
내면의 성소를 지키며 타인과 건강하게 소통하고
정석만이 해답은 아니며
순간의 깨달음으로 유연하게 흘러가는 것이 참된 지혜다

타인의 시선에서 벗어날 때
너의 존재는 진정 너만의 색으로 빛난다
내면의 소리에 귀 기울이며
자신감을 가지고 너만의 길을 개척해 나간다

관습의 벽을 넘어
새로운 시각으로 세상을 바라보면
해결의 열쇠는 자연스레 드러난다
경직된 생각에서 벗어나 유연하게 사고하며
미지의 영역을 담대하게 탐험한다
그 여정 속에서 진정한 자신을 만나고
너는 그 자체로 빛나며
너답게 살아가는 것이야말로 가장 아름다운 삶이다

행운의 본질

행운은 예측 불가능한 바람처럼 우리 삶의 페이지를 넘기며 춤을 춥니다 때로는 갑작스레 나타나 우리를 놀라게 하고 때로는 오랫동안 기다려야 그 모습을 드러내기도 합니다

숨바꼭질을 하는 장난꾸러기 아이처럼 행운은 호기심을 자극하는 수수께끼가 됩니다 우리는 그 수수께끼를 풀기 위해 노력하며 그 과정에서 삶의 소중한 교훈을 배웁니다

행운의 진정한 의미는 그 자체에 있지 않습니다
진실된 마음과 노력 그리고 감사하는 자세야말로 행운을 끌어당기는 진정한 자석입니다 마치 봄날의 따스한 햇살처럼 행운은 우리의 삶을 은은히 비추며 미소 짓습니다

행운을 갈구하기보다 자신의 삶에 충실하고 감사할 때 행운은 어느새 곁에 다가와 있을 것입니다 진정한 행운은 우리 안에서 시작되며 바로 그것이 행운의 본질입니다

운 좋은 하루

새벽 햇살이 창문을 통해 살며시 기어들어와 방 안을 포근한 온기로 감싸 안아주네 평소 북적이던 길이 오늘은 고요해져 여유로운 아침을 맞이하니 발걸음마저 경쾌해집니다

그 길에서 우연히 마주친 오랜 친구와 추억을 나누니 과거의 향수가 입가에 미소를 머금게 합니다 이 뜻밖의 만남은 운 좋은 하루의 시작을 알립니다

오후에는 스마트 폰 알림 하나로 설렘이 가득 찬 마음을 불러일으킵니다 기다리던 항공권 할인 소식에 상상의 날개를 펼쳐 여행 계획을 세우며 행운의 연속을 경험합니다

이른 저녁 노을이 지는 한강 위로 붉게 물든 하늘을 바라보며 감사한 순간을 느낍니다 소소한 일상 속에서 행복을 발견하며 삶의 소중함을 새삼 깨닫게 됩니다

오늘 하루는 평범함 속에서 웃음 나는 순간들로 가득 차 있습니다 별일 아닌 것 같은 하루가 선물 같음을 즐기며 소중한 이들과의 시간을 감사한 마음으로 함께합니다

작은 기쁨을 만끽하며 주변을 둘러보세요 웃음을 안겨줄 일상의 행복을 찾아보세요

동행

때로는 옳고 그름의 경계가 흐려지고
이익의 달콤함에 마음이 흔들릴 때도 있지
하지만 진짜 중요한 것은 어려움 속에서도 진심을 지키는 것
바른 길이 힘들더라도 우리는 그 안에서
진실과 용기의 빛을 발견할 수 있을 거야
힘든 시간들은 나를 더 성장시켰고
그 속에서 얻은 깨달음은 내 마음의 등불이 되었어

친구야 이제 세상의 소란 속에서도
우리 가슴 속 진심의 빛을 따라 흔들리지 않고 나아가자
험난한 길이 우리를 막아선다 해도
진실된 마음으로 서로를 밝히며 앞으로 나아가자
우리가 걷는 곳마다 사랑의 씨앗이 자라날 거야
친구야 이 넓은 세상 속에서
서로의 진심을 믿고 함께 걸어가자
비록 길이 외롭더라도 넌 혼자가 아니야
우리의 빛이 서로에게 희망이 되어 주자

PART 2

인생 수업

우주에 기대어

별들에게 속삭이며 내 마음의 상처를 토해내니
광활한 우주의 위로 속에서 치유의 손길을 느끼네
달에게 내 깊은 아픔을 물으며
은빛 달빛에 안겨 잠시나마 안식을 찾고자 하네

바람에 내 무거운 한숨을 실어 보내고
이 시름을 멀리 저 수평선 너머로 날려 보내 달라 청하네
영혼의 짐을 내려놓으며
근심을 구름에 맡기고 별빛에 마음을 기대어
깊이 숨을 내쉬며 자유를 만끽하네

어려울 때면 하늘을 우러러 절규하니
넓은 우주가 내 마음을 따스히 감싸 안아주네
그 품에 안겨 나의 슬픔을 위로받고
고요함 속에 상처를 어루만지며 치유되네

우주에 안긴 채
영혼의 무게를 잠시 내려놓고

별빛으로 상처를 씻어내며 평화를 찾아가네
광활한 우주가 내 모든 감정을 포용하고
그 넉넉함에서 위안의 힘을 얻으니

우주의 작은 점 하나인 나
그 위대한 품에 안겨 새로운 기운으로 다시 일어서네

삶은 몽상의 순례길

인생이라는 외줄 타기에서 긴장감이 절정에 달할지라도
우리는 태어날 때부터 희망의 불씨를 가슴에 품었으니
환상의 길잡이를 따라 나아가면 역경은 먼 곳으로 사라지리라

거친 역풍 속에서도 희망의 횃불을 높이 들어
상상의 풍선을 타고 역경의 파도를 우아하게 넘어서자
별빛이 이끄는 길을 따라 미지의 영역을 개척해 나가는 모험

두려움의 가면을 벗어 던지고 당당히 일어서서
용기의 칼날로 앞으로 나아갈 길을 헤쳐 나가며
영혼에서 솟아오르는 빛나는 파동으로 어둠을 걷어 내리라

꿈의 지도를 펼쳐들고 새로운 길을 걸어가는 우리
상상력의 날개를 펴고 더 높이 더 넓은 세계로 날아오르자
새로운 가능성을 향한 끝없는 도전의 여정 속에서
우리는 진정한 자유를 만끽하리라

그 길 위에서 우리는 내면의 힘을 발견하고
한계를 뛰어넘는 용기와 열정으로 가득 차올라
인생이라는 캔버스에 우리만의 독창적인 이야기를 그려나가리라

희망의 빛을 따라 나아가는 우리에게
세상은 무한한 가능성의 무대가 되어 주리니
두려움 없이 앞으로 나아가자 우리의 꿈을 향해

굳건한 희망

절망의 늪을 건너며
풍파 속에서도 꿋꿋이 서는 그대
현실이라는 전쟁터에 맞서 싸우며
그대의 마음은 결코 굴복하지 않습니다

험난한 세상을 헤쳐 나가며
무너진 꿈의 잔해 위에서
그대는 새로운 희망을 싹 틔우고
절망의 깊은 수렁 속에서도
그대의 영혼은 굳건한 희망을 지킵니다

끊임없이 솟아나는 생명의 샘처럼
새벽의 빛을 향해 전진하며
좌절을 뚫고 나아가는 발걸음으로
찬란히 빛나는 미래를 향해 나아갑니다

그대의 용기와 희망이 이끄는 곳에서
새로운 꿈의 씨앗이 뿌리내릴 것을 믿습니다

긍정의 설계도

인생의 소용돌이 속에서 영혼이 흔들리고 복잡한 고민이 마음에서 요동치게 할 때 이성은 우리를 윤슬로 인도합니다 삶의 험로를 헤쳐 나가며 불굴의 의지로 자신과의 약속을 지킵니다 비록 미래가 불확실해도 지식은 혼돈 속에서도 꽃을 피우는 습관적 무기가 됩니다

어둠과 두려움이 길을 가로막아도 축적된 지식과 숙달된 경험은 우리를 방황하지 않게 합니다 순간의 망설임 속에서도 본능의 길잡이를 신뢰하며 창의력으로 미래를 설계하고 서로를 격려합니다

우리의 길잡이는 자기 자신입니다 어떤 길이 펼쳐지더라도 새로운 도전을 겁내지 않고 그 시작을 소중히 여기며 긍정의 내일을 만들어갑니다 때로는 쉼표를 찍더라도 자신을 응원하는 법을 배우며 자신을 사랑하며 성장의 길을 걷습니다

생각의 전환

생각을 바꾸는 것 그것은 마음의 문을 활짝 여는 열쇠입니다
고정된 관념을 벗어나 자유로운 사유의 나래를 펼치세요
지금 이 순간 생각의 지평을 넓히는 도전을 시작하세요
그 첫걸음은 당신만의 길을 개척하는 여정의 시작입니다

인종 성별 문화 차이에 대한 편견을 허물고
다름 속에서 아름다움을 발견하는 새로운 시각으로 세상을 바라보세요
익숙한 것에서 벗어나 미지의 영역을 탐험하며
새로운 아이디어와 혁신 앞에서 설레는 마음으로 도전하세요
그 변화는 성장의 기회를 제공하며
생각의 한계를 넘어 당당히 창의력을 펼칠 수 있습니다

사회적 약자에게 열린 마음으로 그들의 목소리에 귀 기울이며
그들의 생각과 가치를 존중하는 것은 진정한 소통의 꽃을 피우는 밑거름입니다

생각을 바꾸는 것은 인생을 변화시키는 힘입니다
지금 이 순간 당신의 무한한 가능성을 믿고 새로운 사고의 문을 두드리세요
편견 차별 혐오를 넘어 모두가 평등한 세상을 향해
마음의 지평을 넓히는 여정에 함께 나서보아요

오늘도 우뚝 서다

삶은 때때로 숨 막히는 등반 험준한 절벽을 넘어서야 할 때가 있지만
정상에 오르는 순간 모든 시련은 값진 성취로 바뀝니다

우리 안의 인내는 역경 속에서도 꺼지지 않는 희망의 불꽃
거센 바람에 흔들려도 길을 밝히는 등대와 같습니다

산은 적막 속에서 그 존재를 미묘하게 드러내며
자연과의 교감으로 우리는 마음의 평온을 되찾습니다

때로는 발걸음을 멈추고 휴식을 취할 필요가 있습니다
고요 속에서 상처 입은 영혼을 치유하며 새로운 활력을 얻습니다

매일은 새로운 발견의 기회
내면을 성찰하는 명상으로 어제의 한계를 뛰어넘습니다

우리의 인생길은 결코 혼자가 아닙니다

함께 걸으며 서로에게 버팀목이 되는 동반자와 함께합니다

느리지만 꾸준한 발걸음으로 정상을 향해 나아가면
어느 순간 눈부신 풍경과 마주하게 될 것입니다

지금 이 순간에도 당신은 존재 자체로 빛나는 기적
자신을 사랑하고 믿으며 한 걸음씩 전진하세요

희망의 빛을 따라 오늘도 용기 있게 산을 오릅니다

나는 항해사

칠흑 같은 어둠이 바다를 삼킨 밤
적막 속에서 침묵의 잔해들이 우리를 기다립니다
스산한 바람이 부서진 선체를 휘젓고
내면 깊숙이 잠들어 있던 불안을 깨웁니다

끝없이 밀려오는 파도는 고립감을 키우며
우리를 더욱 옥죄어 옵니다
그러나 절망 속에서 희망의 촛불이 일렁이며
나아갈 길을 비춰줍니다

이 작은 불빛은 용기를 북돋우는 등대가 되어
내면의 공포와 맞서 싸울 힘을 줍니다
그 빛을 따라 우리는 희망의 싹을 안고 나아갑니다

난파선의 잔해 속에서도 생명력 같은 희망이 싹트며
우리를 멈추지 않고 전진하게 합니다
두려움의 벽을 넘어 용기를 발휘할 때
우리는 미지의 바다를 항해하는 용맹한 항해사가 됩니다

폭풍우 속에서도 희망의 돛을 높이 올리고
난파된 꿈의 조각들을 모아 새로운 항로로 나아갑니다
인생의 험난한 항해 속에서도 좌절하지 않는 인간의 회복력을 보여주며
어둠을 밝히는 우리 내면의 빛을 신뢰하며
새로운 미래를 향해 희망의 지도를 그려봅니다

인생 수업

우리는 인생이라는 교실에 함께 앉아
다채로운 이야기를 간직한 채 배움과 성장을 이어갑니다

서로의 체험을 공유하며 삶의 방식을 터득하고
인생이라는 교과서가 난해하고 복잡해도
함께 고민하고 토론하며 우리만의 해답을 찾아갑니다

우정과 사랑으로 삶이라는 그림을 아름답게 채색하며
영광의 승리 그리고 좌절과 비탄의 순간들을 함께 경험하며
진실한 동지로서 서로를 이해하고 지지합니다

인생교실의 평생 학생으로서
끊임없이 배우고 함께 성장하는 즐거움을 만끽합니다
서로가 멘토가 되어 삶의 지혜를 교환하며
이 장엄한 학습을 함께 이어갑니다

이제 우리는 서로가 인생 수업에서 가장 값진 선물임을 깨닫습니다
함께 그려갈 내일은 꿈의 날개를 펼쳐 높이 비상합니다

마음이 인생

아침 햇살 아래 이슬방울이 춤출 때
커피 향이 일상의 베일을 살며시 걷어내는 그 순간을 즐기세요
평범함 속에서 깊은 감동을 발견하며 마음의 풍요로움을 느끼세요
작은 기쁨들이 모여 날마다 삶의 무늬를 새롭게 수놓습니다

고요한 밤 자신의 마음에 귀 기울이세요
잠시 멈춰 서서 자신과의 조용한 대화를 나누며
시간을 초월하는 영혼의 울림과 조화를 이루세요
안식처에서 고요한 위안을 얻으며 내일을 향한 준비를 합니다

일상의 찰나에서 작은 행복을 발견하며
자신만의 박자로 인생의 리듬을 타고 흐르세요
매일을 새로운 기회로 여기고
긍정의 마음으로 삶의 도전을 마주하세요
행복한 순간들이 모여 인생의 강렬한 악보를 완성합니다

당신은 자신만의 색으로 세상을 물들이는 예술가입니다
그 색깔로 당신만의 예술을 창조하고
감사와 기쁨으로 가득한 순간들을 수집하며
인생이라는 걸작을 완성해가세요

어제의 자신을 뛰어넘는 오늘의 당신
가파른 언덕이 앞을 가로막아도 무한한 가능성을 믿으며
정상을 향해 나아가세요

지금 이 순간의 삶을 온전히 느끼고 살아가세요
매 순간은 무한한 가능성의 출발점이며 내일의 토대가 됩니다

결의의 빙판

스케이트 블레이드가 얼음 위에서 우아한 발레를 추듯 날렵한 움직임으로 공간을 가르며 영혼을 깨웁니다 차가운 겨울 공기를 누비며 스케이터는 자유롭게 빙판 위를 미끄러지고 회전 점프 스핀으로 얼어붙은 세상에 생동감을 불어넣습니다

겨울의 숨결 위로 발걸음을 내딛는 그 열정은 고난의 벽을 뚫고 환희의 함성을 자아냅니다 스케이트 끝에서 샘솟는 얼음 결정들은 매 순간 새로운 도전을 향한 용기를 상징하며 스케이터의 노력과 열정을 반영합니다

실수는 성장의 자양분이 되고 매 실패는 성공으로 가는 디딤돌이 됩니다 넘어짐 속에서도 스케이터는 다시 일어서 전진하며 도전은 용기의 증표가 되어 굴하지 않는 정신을 키워갑니다

매일의 장애물은 이제 기회의 문으로 다가오며 자존감은 그 문을 열고 나아가는 힘이 됩니다 빙판 위의 장애물들은 스케이터의 기술과 인내심을 시험하고 그 과정 속에서 스케이터는 자신의 숨겨진 실력을 발휘합니다

우리의 잠재력은 얼음 아래 흐르는 강물처럼 표면적인 차가움 속에서도 끊임없이 흐르고 있습니다 그 힘을 믿고 전진할 때 우리는 어떤 겨울도 이겨내며 인생이라는 겨울 동화 속에서 주인공으로 우뚝 설 수 있습니다

교묘한 속임수

마음의 심연에서 짙은 안개가 피어오르고 미로 속에서 교활한 속임수가 번개처럼 번뜩입니다 신뢰의 무대 위에서 나는 조종당하는 꼭두각시가 되며 도덕은 의식의 흐려진 거울 속에서 서서히 희미해집니다

왜곡된 어둠과 화려한 허상 속에서 진실이 환영처럼 사라지며 매혹적인 말들에 휩쓸려 욕망과 타협이 달콤한 유혹에 넘어갑니다 사기꾼의 교묘한 계략에 놀아나 분노가 폭발하고 이 모든 것은 우리로 하여금 표면적인 환상을 걷어내고 진정한 본질을 직시하게 합니다

사람의 상처는 자신을 반성하게 하며 진실과 정의의 길로 우리를 이끕니다 진실을 향한 갈망이 험난할지라도 우리의 정당함이 그 길을 인도합니다

자신감과 자부심으로 충족한 빛을 발산하며 타인의 인정과 존중을 통해 우리는 성장합니다

진정한 의미를 추구하는 삶 속에서 우리의 존재는 따뜻한 빛으로 채워집니다

지렁이처럼

흙 속을 유영하는 작은 생명체
미끄러지듯 헤엄치는 너의 움직임이 세상을 바꾸고
땅을 갈라 생명의 길을 열어주는 숨은 영웅인 너
뿌리에게 숨 쉴 공간을 선사하는 자연의 은인

습한 토양을 찾아 부지런히 일하는 너
보이지 않는 곳에서 세상을 푸르게 만드는 기적의 주인공
네 몸에서 나오는 것은 대지의 활력소
작은 생명들에게는 소중한 양분이 되어주는

공기를 정화하고 생태계를 지키는 수호자
작은 몸으로 큰 역할을 해내는 대자연의 일꾼인 너
겉모습에 현혹되어 너의 소중함을 모르는 우리에게
진정한 의미를 일깨우는 스승이 되어준다

너의 모습에서 우리는 겉보기에 속지 않는 지혜와
보이지 않는 곳에서 묵묵히 제 역할을 다하는 자세를 배우며

이제 우리도 너를 본받아 세상을 밝히는 존재가 되고자
우리 안의 선한 힘을 일깨우고 타인을 향한 따뜻한 마음을
가꾼다

너의 이야기는 우리에게 깊은 울림이 되어
너의 끊임없는 노력과 헌신이 우리 모두에게 큰 이익을 가져
다 준다는 것을 깨닫게 해주는
오늘도 우리는 너에게서 배운 삶의 자세를 마음에 새기며
함께 더 나은 세상을 만들어 가기를 다짐한다

활짝 핀 웃음

그대여 햇살 속에서 춤추는 코스모스처럼 웃음으로 마음의 문을 활짝 열고 따스한 위로가 영혼의 심연까지 스며들게 하세요

상처는 성장의 스승이며 지난 슬픔은 새로운 희망의 씨앗을 품은 소중한 양분입니다 어제의 눈물을 떨쳐내고 오늘은 환한 미소로 새날을 맞이하세요

꽃잎처럼 여린 마음으로 세상을 바라보며 아름다운 마음으로 주변에 사랑과 온기를 전하세요 '넌 언제나 빛나' 라는 진실을 가슴 깊이 간직하며

비바람이 몰아칠 때도 코스모스는 굳건히 서 있듯 힘든 시간을 이겨내는 그대의 용기에 박수를 보냅니다 지금의 아픔은 반드시 지나갈 것이며 그 끝에는 더 큰 행복이 기다리고 있을 거예요

코스모스가 바람에 흔들려도 아름답게 피어나듯 인생의 풍파 속에서도 그대의 아름다운 본질은 변치 않을 것입니다 그대의 존재 자체가 세상에 선사하는 선물임을 잊지 마세요

활짝 핀 웃음으로 자신에게 용기를 주고 자신의 가치를 일깨우세요 그대의 긍정과 희망으로 내일을 밝혀 나아가세요 그대는 한 송이 코스모스처럼 아름답고 소중한 존재입니다

인생의 모든 순간 그대 자신을 사랑하고 믿어주세요 그 사랑과 믿음이 그대를 더 크게 꽃피울 것입니다

일상의 선물

당신 안에 있는 힘을 믿으세요 하루하루를 사랑하며 즐겨보세요

출근 길 버스를 기다리던 찰나 저 멀리서 버스가 오는 것을 보고 발걸음을 재촉해 마지막 자리에 앉았어요 이 작은 행운에 미소 짓고 오늘을 기분 좋게 시작하세요

하루하루를 소중히 여기며 그 속에서 가치를 발견해 보세요 아침에 마시는 커피 한잔의 여유 동료와 나누는 일상의 대화 점심 식사 후 느끼는 편안함 등 작지만 평범한 시간들이 우리 삶을 안락하게 해줍니다 지치고 힘든 순간들도 곧 지나갈 거예요

퇴근 길에는 좋아 하는 노래를 들으며 집으로 향하세요 가족과의 저녁 식사가 감사하게 느껴지며 소소한 일상의 행복이 당신의 삶을 채워갑니다

당신이 만들어가는 하루하루는 인생이라는 보물 상자에 소중한 추억으로 쌓여갑니다
오늘도 당신의 시간이 값지게 흘러가길 응원합니다

내일이 어떤 모습일지 모르지만 오늘 행복하다면 그것으로 충분합니다 당신의 선택을 믿고 마음이 이끄는 대로 나아가세요 후회 없는 인생을 살게 될 거예요

임자도 해변에서

임자도 해변에서 피어난 당신의 미소는
새벽 물안개 속 자스민처럼 순수한 향기로 내 영혼을 채웁니다
당신을 바라보는 것만으로 내 심장은 행복으로 충만해집니다

해안가에서 말을 몰고 질주할 때
우리는 현실의 속박을 벗어나 바람과 하나가 되어
세상의 끝을 향해 나아갑니다
말굽이 부드러운 모래를 울리며
격정적으로 뛰는 내 심장과
푸른 바다 지평선을 향한 질주 속에서 염려는 사라지고 자유만이 남습니다

바람이 머리카락을 휘감고 얼굴을 쓰다듬을 때
말의 강인한 생명력과 끝없는 가능성에 도취됩니다

이 순간들은 영화의 한 장면처럼 강렬하고 생동감 넘치며
서로에게 집중하는 그 순간들은 마치 첫눈처럼 순수하고 설레는 감정으로 내 마음을 채웁니다

임자도의 햇살 아래 당신의 눈동자에 비친 나의 모습을 보며 우리의 사랑이 바다처럼 깊고 넓음을 시간의 파도에도 흔들리지 않는 영원함을 깨닫습니다

당신의 품에 안길 때 세상 모든 근심은 저 수평선 너머로 사라지고 오직 당신의 온기만이 내 전부가 됩니다

자스민 향기를 가득 품은 채 변함없는 내 사랑을 약속합니다

서로를 향한 진실한 마음만이 우리의 길잡이가 되어 줄 것이며 임자도의 추억은 영원토록 간직될 것입니다

그리움의 방황

해가 서서히 기울어가는 그 찰나 크리스마스의 불빛 아래 연말의 숫자가 바뀌는 순간
왜 우리는 각자의 세계에서 서로를 그리워하며 멀어지는 걸까요?

슬픔에 잠긴 채 눈밭을 터벅터벅 걸으며 억눌렸던 감정들이 한라산의 적막 속에 녹아내립니다
정상에 우뚝 선 백록담 그 포근한 대지 위에서도 밀려오는 그리움에 목소리가 갇힙니다

돌아선 원망을 떨쳐내려 할 때 가슴 깊숙이 울려 퍼지는 애틋함은 새하얀 눈보라를 일으킵니다
정상에서 바라보는 푸르른 세상 속에서도 나는 오직 그대의 실루엣만을 찾아 방황합니다

연말의 찬란한 불빛 속에서도 내 마음은 그대와의 추억에 사로잡혀 있습니다
서로를 향한 그리움은 폭풍처럼 맹렬하게 휘몰아치며 우리

사이의 거리는 깊은 바다처럼 벌어집니다

떨어져 있어도 맞닿아 있는 우리의 영혼 그 애절한 그리움의 끈을 놓지 않으려 애쓰며 눈 덮인 한라산의 정상에서 바라보는 세상은 그대와 함께 했던 모든 순간으로 물들어 있습니다

언젠가 다시 만날 그날을 꿈꾸며
나는 오늘도 그대를 그리워하는 마음으로 살아갑니다

커피 감성을 깨우다

열정의 불꽃을 품은 커피 열매는 장인의 정성과 바리스타의 창의적인 기술을 거쳐 새로운 운명을 맞이하며 시간의 향기와 함께 매혹적인 풍미를 선사합니다

분쇄기의 리듬과 압력 속에서 펼쳐지는 향의 교향곡은 각 원두의 이야기를 풀어내고 90°C의 뜨거운 물이 커피와 만나 하나의 예술을 창조합니다

이른 아침의 고요를 깨우는 커피 한 잔은 새로운 날의 시작을 알리며 짙은 아로마로 공간을 가득 채웁니다 이 커피는 일상에 특별한 순간을 선물하고 각 모금마다 감성을 자극하며 소소한 행복을 전달합니다

커피 한 잔에서 펼쳐지는 잠깐의 휴식과 힐링의 마법을 만끽하세요

이별 후에도

네가 돌아올 수 있는 그날까지 마음의 문은 항상 열려 있을 거야 그 발자국 아래 부서지는 하얀 모래가 사랑의 속삭임처럼 들려오고 모래 위에 남은 우리의 흔적들은 아름다운 시가 되었지

영원할 것만 같던 순간들 그 빛나던 기억들 속에서 우리는 계속 살아가 이별의 서막이 시작되어도 추억은 천천히 변해 가도록 내버려 두자 시간이 지날수록 아름다운 흔적으로 남아 우리를 위로 할테니

그리움이 파도처럼 밀려올 때 귓가에 살며시 속삭이는 사랑의 언어처럼 우리의 추억은 가슴 속에 지울 수 없는 타투로 남아 사랑했던 모든 순간을 마음 깊이 간직하며 그 기억을 따뜻하게 보관해

이별을 겪고도 변치 않는 마음으로 너를 기다리며 사랑을 되새김질하네 애틋한 이별을 통해 우리 모두 성장하고 각자의 길을 걸어가더라도 우리의 사랑은 영원히 변치 않을 거야 이별 후에도 우리의 이야기는 멈추지 않아

당신의 아틀리에

당신의 작업실에서는 어떤 이야기가 그려지고 있나요?
붓을 들어 자신만의 색으로 인생을 그려나가는 우리
실수와 후회의 자국마저도 작품의 소중한 일부로 받아들이며
스스로를 가장 솔직하게 표현하는 순간
당신만의 공간 아틀리에에서 펼쳐지는 삶의 드라마
세밀한 터치로 당신의 노력이 형태를 이루고
단순한 목표를 넘어 존재의 의미를 탐색하네
당신의 아틀리에에서 탄생할 인생의 명작을 기대하며
무한한 가능성과 미래를 발견하는 그곳에서
모두의 삶이 그 자체로 하나의 독특한 예술이 되기를 바라며
오늘도 내일도 우리는 삶의 예술가로 살아가길 바라네

좋은 관계

좋은 관계는 노력을 강요하지 않으며
함께하는 순간마다 시간의 소중함과 감사함을 일깨워
내게 편안함과 즐거움을 선사하는 사람들은
인연의 길이 험난할지라도 손잡아 줄 용기의 빛이 되네

진정으로 나를 이해하고 기쁨을 나누는 이들은
삶의 선물이자 내 곁에 있을 때 더욱 빛나는 존재
이런 관계를 소중히 여기고 정성으로 가꾸기 위해 우리 모두
노력해야 하며
내 곁의 소중한 인연에게 감사하는 마음으로 살아가야 해

나의 사랑 이야기

그가 벅찬 발걸음으로 내 곁에 다가올 때
그의 존재만으로 공간은 풍성한 안개꽃으로 가득 찹니다
그의 감미로운 목소리에 전화기의 무게마저 가벼워지고
더 가까이 다가가고 싶은 조급함이 피어오릅니다

"내일보다 오늘 더 사랑해"
그의 설레는 고백에 심장이 요동치고 볼이 홍조로 물듭니다
그의 손이 내 뺨에 닿는 순간
우리는 시간을 초월하는 사랑의 교향곡을 연주합니다

가끔은 실망의 그림자가 스칠 때도 있지만
서로의 손을 꼭 잡고 그의 눈 속에 비친 나를 바라보며
우리는 사랑으로 서로를 위로하고 다짐합니다

우리의 사랑은 시간이 흘러도 변치 않으며 시간이 지날수록
더욱 빛나는 예술작품처럼 깊어집니다
매 순간 서로를 향한 애정으로 채워가며 우리만의 특별한 이야기를 수놓아갑니다

사소한 일상마저 사랑으로 아로새겨 그 순간들은 그 자체로
아름다운 예술입니다

언어의 책임

언어의 정원에 발을 들이니
말 한마디에 꽃이 피네요
우리의 언어는 내일을 품고 흘러
선택한 말이 세상을 밝히거나 그늘을 만들죠
언어는 창조와 파괴의 양날의 검과 같아
선택에 따라 새로운 현실을 빚어냅니다
그렇기에 각 단어를 신중히 고르며
말의 변화력을 가슴 깊이 새깁니다
사소한 말 한마디가 관계의 봄을
또 가을을 재촉할 수도 있어요
우리의 말은 성찰 끝에 선택되어야 합니다
섬세한 언어의 선택이 소중한 유대의 다리가 되니까요
상처받은 마음은 쉽게 아물지 않고
어긋난 인연은 되돌리기 어려워요
언어에는 깊은 책임이 따르며
한마디로 미소나 상처를 남길 수 있습니다
정성을 쏟고 일상을 나누는 소중한 사람들과
언어의 힘을 잊지 말고 사려 깊게 사용하세요

돌고래도 웃는다

돌고래는 물살을 가르며 자유로이 춤을 추네
파도와 하나 되어 바다의 속삭임을 온몸으로 느끼며 환희를 만끽하고
조련사의 손짓에 맞춰 아이들의 눈망울에 경이로움을 선사하네
공중으로 아름답게 도약하는 순간 대양의 박동을 가슴 깊이 느끼네

우리의 인생도 비록 제한된 무대에서 펼쳐지지만
그 안에서 끝없는 잠재력을 향해 상상의 날개를 펼치네
평범한 일상 속에서도 특별함을 발견하며
제약 속에서 나만의 방식으로 행복을 추구하네
돌고래처럼 우리도 주어진 여건 속에서 자유를 만끽하며 희망과 위로를 나누어
비록 우리의 삶이 작은 세계에 머물지라도
매 순간 삶의 아름다움을 찾아 기쁨과 감동을 나누는 것이
우리가 살아가는 이유이자 존재의 의미라네

삶의 의미

인생이라는 모험 속에서 우리 모두는 꿈을 좇아 전진합니다
삶의 깊은 울림을 따라 발견한 빛 속에서
내면의 심연을 탐색하며 고유한 가치를 찾아냅니다

자신감과 자부심으로 독특한 빛을 발산하며
타인의 인정과 존중을 통해 우리는 성장합니다
진정한 의미를 추구하는 삶 속에서
우리의 존재는 따뜻한 빛으로 채워집니다

인생의 캔버스 위에 그려 갈 이야기를 고민하며
우리는 사랑과 나눔 그리고 따뜻한 위로로
삶의 의미를 만들어 갑니다

우리가 걷는 길이 때로는 험난하고 긴 터널처럼 느껴져도
마음속 깊이 자리한 빛을 따라 나아간다면
언젠가는 따스한 햇살을 맞이합니다

소통의 부재

새벽의 고요함 속에서 눈을 뜨면
마음속 희망이 밝게 빛나며
나만의 작은 세상을 꿈꿉니다

불안과 두려움이 다가올 때면
언어는 바람에 흩어지고 의미는 사라지며
소통의 벽 앞에서 내 마음은
가을바람에 흩날리는 마른 꽃잎처럼 쓸쓸해집니다

하지만 그럴 때일수록
새로운 가능성을 향해 나아가며
오해를 풀고 침묵을 깨뜨리려 합니다
이슬이 반짝이는 아침 햇살 아래
내 안의 목소리에 귀 기울이고
타인과의 거리감에 좌절하지 않습니다

누군가 마음의 문을 열어준다면
따뜻한 손을 내밀어 함께 걸어갈 수 있기를 바라며

기쁨과 슬픔을 나누고
서로의 이야기에 귀 기울이는 사람이 되고 싶습니다

잊고 싶은 기억은 마음속 깊이 접어두고
지금 이 순간 소중한 사람과의 만남에 집중합니다
진심을 다해 마주하고 이해하며 노력하는
그것이 바로 내가 찾는 진정한 교감입니다

잔돈 푼 인격

잔돈을 애지중지 다루는 손길에는 고생의 애잔함이 서려있다
세상은 그들을 구두쇠로 몰아붙이지만
각 동전에는 인색함이 아닌 미래를 향한 통찰과 신중함이 각인되어 있다

'티끌 모아 태산'이라는 격언을 실천하는 이들
지출의 가치를 꼼꼼히 따지며
작은 저축으로 큰 비전을 실현할 확신을 품고 있다

이러한 신중함은 투자의 지혜와 미래 전략으로 승화되며
잔돈의 가치를 아는 것은 삶을 풍요롭게 하는 비결이다
물질적 풍요를 넘어 삶의 질을 높이는 지혜가
잔돈을 아끼는 손길 속에 깊은 철학으로 스며들어 있다

그 세심함 속에는 성공의 비밀이 간직되어 있다

조용한 피난처

친구의 화려한 파티 대신
조용한 카페 한쪽 자리를 택했어요

따뜻한 차와 감미로운 재즈가 흐르며
마음을 사로잡는 책 한권으로 오늘을 미소 짓게 해요

화려함 속 자신을 잃지 않고
세상의 소음을 멀리하며 조용히 내면의 평화를 찾아
여유로운 순간 속 나를 만나보아요

여기 이 조용한 공간에서
내가 선택한 삶의 방식으로 마음을 가득 채우며
세상의 소란 속에서도
나만의 작은 쉼표로 그 충분함을 느껴보아요

자연이 선사하는 위로

산이 전하는 선물 깊은 숲속의 노래에 귀 기울이며
고목나무에 기대어 치유의 속삭임을 느낍니다

산의 자유로움에 안겨 홀로의 시간을 통해
잠깐의 휴식이 일상의 무게를 잊게 하며
새로운 시작을 위한 용기를 선물합니다

자연 속에서 마음의 평화를 되찾고
자신에게 더 가까이 다가갈 때
그 순간들은 우리에게 치유를 선사합니다

이 치유의 여정을 통해 우리는 조금씩 성장하며
세상을 더 따뜻하게 바라볼 수 있는 눈을 갖게 됩니다

산이 전하는 위로의 메시지에 힘입어
희망찬 발걸음으로 오늘을 맞이합니다

혼자만의 시간의 중요성을 기억하고
자신을 돌보는 일의 소중함을 잊지 않으며
내일을 향한 새로운 에너지를 채워 나갑니다

우리 모두 때로는 지치고 힘들지라도
믿고 사랑하는 마음을 잃지 말아야 합니다
작은 휴식과 자신과의 대화로
다시 일어설 힘을 얻을 수 있음을 기억해야 합니다

승강장의 설렘

승강장에서 다시 마주친 인연
지나간 추억과 현재가 만나며
희미했던 기억이 설렘으로 새롭게 피어납니다

평범했던 날들이 특별해지며
말없이도 마음이 통하는 순간
가슴 떨리는 재회 속 오래된 사랑의 향기가
새로운 행복과 그리움을 깨웁니다

이 반짝이는 만남이
긴 기다림 끝에 열린 소망의 문처럼
우리의 삶을 어떻게 변화시킬지 기대하게 합니다

스쳐 지나갔던 인연이 이제는
더 깊고 의미 있는 만남으로 꽃피며
과거와 현재 그리고 미래를 아우르는
사랑과 우정의 이야기로 함께 인생을 걸어갑니다

운명의 바퀴가 승강장에서의 만남으로 돌아가며
손을 맞잡은 인연의 고리가 서로를 단단하게 잇습니다

다르지만 같은 우리

겨울밤의 침묵 속에서
타인의 아픔에 공감하며
하루종일 무거운 감정을 안고 살아가는 우리
공감의 무게가 서서히 마음을 채우고
다채로운 감정의 파노라마 속에서
공감의 교환은 우리를 더 가까이 이끌며
서로를 이해하고 공통의 가치를 품게 합니다

타인의 이야기에 귀 기울이고
공감의 다리를 놓아 서로의 상처를 어루만져 봐요
다름 속에서 같음을 발견하는 연대로
서로를 지지하며 함께 성장하고 치유하는 삶을 살아가요

서로의 고통에 함께 마음 아파하고
지칠 때 서로 기대어 쉬어가는 마음
취향은 달라도 마음만은 통하는
소통하며 함께 걸어가는 인생의 동반자로
서로의 다름을 이해하고 존중하며 우리 그렇게 살아가요

자신에게 전하는 메시지

일상의 무거운 짐을 잠시 내려놓고
익숙한 가면을 벗어 던질 시간
"그대가 있어 세상은 더욱 아름답고 완전해요"라는 위로가
성큼 다가와 진정한 나와 만나는 순간을 선사합니다

"그대는 언제나 눈부시게 빛나요"라고 스스로에게 속삭이며
그 말이 내 마음을 어루만지고 항상 가치 있는 존재임을 일깨워줍니다

힘든 순간마다 사랑하는 법을 되새기며
잠깐 멈추고 자신과 깊이 대화 나누는 시간을 갖습니다

나만의 공간에서 휴식하며
진정 원하는 것에 귀 기울이세요

자신을 보살피는 것의 중요성을 잊지 말고
따스한 위로와 함께 새로운 하루를 맞이할 에너지를 충전하세요

사랑의 힘

업무로 지친 그의 무거운 걸음과
기다림에 지쳐 한숨 짓는 그녀의 눈빛이 교차할 때
그들만의 소극장이 무대 위에서 생생하게 펼쳐진다
깊은 밤 그가 조심스레 다가가는 순간

그녀의 눈빛에 깃든 기다림과 걱정이 녹아내리고
서로의 눈길에서 울려 퍼지는 진심이 통해
소소한 오해는 사라지고 순수한 사랑이 자리 잡네

심장이 전하는 말은 이해와 공감으로
사랑의 깊이를 더해 가는 과정 속에서 발견되고
서로의 웃음은 모든 섭섭함을 녹여내며
사랑만이 그들의 공간을 가득 채운다

사랑은 그들을 굳건히 연결하며
작은 불화마저 사랑으로 승화시키네
진심으로 안길 때 그들은 어떤 시련도 극복할 힘을 얻고

서로에 대한 깊은 이해와 용서는 사랑을 견고히 하며
진정한 사랑 앞에선 모든 역경이 무색해지니
그들의 사랑이 그들의 삶에 새로운 의미를 더하고
함께하는 모든 순간이 기적이 되어 그 이야기를 더욱 특별하
게 만든다

사랑이 주는 깊은 깨달음 속에서
그들은 삶의 본질을 이해하고 서로의 존재로 완성된다
진심이 담긴 사랑으로 서로를 바라보며
행복의 참된 의미를 함께 발견하리라

삶의 불균형

인생의 저울이 위태롭게 기울 때마다
한쪽은 부의 절정을 향해 치솟고 다른 쪽은 빚의 나락으로
추락하네

파산의 그림자와 부채의 질곡 속에서도
마음의 항해사가 되어 균형을 찾으려 애써

흔들리는 삶의 돛대에서
물질을 너머선 진정한 가치를 탐색하며
일상의 소소한 기쁨 인간관계의 온기를 발견하고
삶의 진정한 부를 깨닫는 나의 행복을 느끼네

이 역경을 통해 미래에 참된 풍요를 이루리라
가진 것의 만족보다 부재의 자유에서 더 깊은 충만함을 느끼며
금전으로는 살 수 없는 삶의 귀한 행복을 발견하리

행복은 우리가 생각하기 나름이니
일상의 평범함 속에서 진정한 행복의 가치를 찾아내리

우리의 삶은 각자의 예술로 창조되는 이야기
여유 배려 서로의 유대를 통해 펼쳐지네

변화 속 성장

인생은 경이로움과 고통의 교착지에서
변화를 향한 열망이 우리를 앞으로 이끕니다
다채로운 팔레트로 위험을 우아하게 회피하며
꿈을 캔버스에 그려나갑니다

다양한 옷을 입고 새 모험을 시작하는 오늘
나는 인생 무대에서 나만의 빛으로 춤추려 합니다
변화의 소용돌이 속에서 자아를 발견하고
도전의 날개로 무한의 지평을 향해 날아오릅니다

자유로운 여정에서 개성을 표현하며
인생이라는 걸작을 우리만의 방식으로 창조합니다
붓에서 떨어진 색채는 우리 이야기를 담아내고
그 이야기는 세계에 영감의 바람을 일으킵니다

인생 캔버스는 끊임없이 진화하는 작품으로
새로운 모험을 더하는 예술가의 열정으로 완성됩니다

겸손의 정의

겸손의 베일 뒤에 깃든 깊은 울림 속에서
진정한 겸손은 자아를 바라보는 깨달음의 눈길이네
안개 속 흐릿한 빛 너머 숨겨진 자아
초연히 자신을 감추는 본능에 충실하고
자아의 심연에서 숨겨진 본연의 모습을 드러내며
겸손의 가면 뒤에 잠들어 있던 자신을 깨우네

타인을 위한 삶이 아닌 나만의 욕망을 추구하고
마침내 그 이기적인 열정을 받아들이는 순간을 향해 나아가네
억눌렀던 광채를 당당히 드러내며
진정한 배려의 의미를 새롭게 깨닫게 되네

자신을 사랑하는 것이 타인을 사랑하는 시작임을 알게 되고
당당함과 우아함으로 자신을 찬미하며
동시에 타인의 의견에 귀 기울이는 지혜를 발휘해
겸손과 자부심의 조화로운 어울림 속에서
배려의 춤을 추는 지금 내 삶의 주인공으로 서네

너와 나 그리고 우리

기억나? 우리가 어둠 속 미지의 숲길을 함께 걸었던 그때
길을 잃고 헤맬 때 서로에게 기대어 마음을 나누며
서로의 등대가 되어주었지
너와 내가 서로 다른 꿈을 꿔도
결국 하나의 지평을 향해 손을 맞잡았어

때로는 희미한 빛 앞에서 망설였지만
그 순간들이 우리를 더욱 단단하게 이어주었어
이해는 순간의 번뜩임이 아니라
함께 걸어가는 여정 속에서 서서히 자라나는 나무와 같아

마음속 깊은 곳까지 함께 탐험하며
우리의 유대는 끊임없이 진화해
사람들은 사랑받기를 원하지만
사랑을 줌으로써 얻는 행복도 있어

너를 생각하며 하는 일들이 나를 살아가게 하는 힘이 되고
너와 함께하는 삶 속에서 내 존재의 의미를 찾아가

어둠을 밝히는 서로의 희망으로 손을 맞잡고
새로운 세상을 향해 나아가자

너의 사랑이 내게 주는 용기로
이 길을 끝까지 함께 걸어가고 싶어
우리의 여정이 빛나는 추억으로 남을 때까지
서로를 비추는 등불이 되어 주자

선과 악 그 얇은 경계에서

선의 등불을 들고 통찰의 발걸음으로 빛의 길을 걸으며
기쁨의 향연을 품고 내면의 암흑과 마주할 때
선악의 경계에서 본심을 수호하며
깊은 성찰로 지혜의 진수를 끌어내리라

혼돈의 미로를 헤쳐 나가는 이 세계 속에서
자비의 손길로 양극단을 아우르는 법을 배우며
내 참모습을 발견하리

그 경계에서 우리는 조화의 지혜를 얻고
내면의 모순과 화해하여 진정한 자아를 만나리라

디지털 가면극

스트리밍의 파도에 실려 떠다니는
감정의 무한 플레이리스트가 펼쳐지네
내러티브 너머 마음을 공유하고
댓글 속에서 서로의 목소리를 찾지만

디지털 무대 위에서 사랑과 우정을 그려내도
그 관계는 표피에 불과하고 보이지 않는 세계일지도 몰라
프로필을 탐험하며 나를 각인하고
너를 내 피드에 배열하려 해도

스크롤의 찰나 속 연결의 허무함이 스쳐가
우리 사이의 하트와 팔로우는 공명하듯 울리기도 해
하지만 진정한 우리를 만나려는 갈망은 멈추지 않아

알고리즘이 엮어낸 관계 속에서 진정성을 갈구하며
디지털의 파도를 헤쳐나가며
서로의 내면에 닿기를 열망하네

피드 시대를 살아가는 우리가
알고리즘에 갇히지 않는 사랑을 꿈꾸며
디지털 가면을 벗어 던지고
마음과 마음이 만나는 순간을 기대해 보자

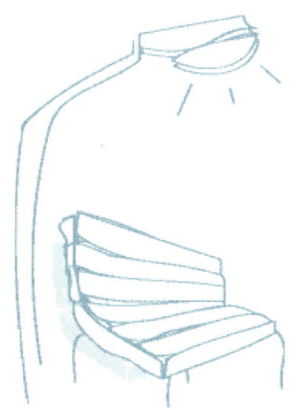

함께하는 삶

완벽함을 갈망한다면 그건 신기루일 뿐
인간은 본래 흠결이 있기에 그 틈을 통해 사랑이 싹트네

우리는 서로의 균열을 메우며 함께 걸어가
그 틈새로 서로를 단련시키며 나아가리
서로를 북돋우며 끝없는 연민을 간직하고
한 걸음씩 내딛으면 그 온기어린 안식처에 다다를 수 있으리

'함께 하는 삶'은 상대의 부족함을 포용하고
손을 맞잡고 함께 전진하는 것이며
서로가 서로에게 버팀목이 되어
작은 흔듦조차 사랑의 증표로 남으니

이 광활한 세상을 향한 우리네 삶에서
결점을 당당히 껴안고 사랑과 이해의 꽃을 바라보며
우리 함께 멋진 인생을 살아보자

선한 친구

인생은 때때로 불공평해 보일 수 있어
착한 사람조차 행복하지 않을 때가 있지
그럴 때 이기적인 삶도 고려할 수도 있겠지만
결국 우리에겐 선택할 자유가 있어

어떤 길을 걸을지 결정하는 건 우리 자신에게 달려 있어
어제가 힘든 날이었다면 오늘은 잠시 쉬어도 좋아
경험에서 배운 것들로 내일을 향해 나아갈 수 있을테니까

그러니 우리 서로를 지지하며 친구가 되자
우리의 희망을 함께 키워 기쁨을 나눌 수 있도록
힘을 모아 서로를 다독이자

홀로 걷는 길보다 함께하는 발걸음이 더 따뜻하니까
나의 소중한 친구야 나와 함께 해줄래?
어려움 속에서도 너의 곁을 지키며
우리 항상 서로의 빛이 되어주자
그렇게 서로의 부족함을 채우며 선한 친구가 되어 보자

내가 사용하는 시간

시간은 우리에게 주어진 소리 없는 음악
흐르는 강물처럼 끊임없이 변화하며
각자의 멜로디를 형성해
이 순간 내 손 안에 쥐어진 시간의 끈으로
삶의 궤적을 그리는 우리 각자의 이야기를 직조해 나가

내면을 드러내고 세상과 소통하는 캔버스 위에서
시간은 생명을 부여하고 우리의 이야기를 그려간다

에필로그

여러분의 삶에 활짝 핀 웃음이 가득 피어나기

마흔다섯, 뜻하지 않게 인생의 새로운 출발점에 서 있는 저는 삶의 전환점을 맞이하고 있습니다. 회사 대표로 걸어온 19년의 세월을 되돌아보면, 나 자신보다는 타인을 위해 헌신해 온 날들이 아쉬움으로 다가옵니다. 그리고 2023년 귀화를 고민하며 무작정 한국을 떠나고 싶었던 순간 사람에 대한 기대와 믿음으로 살아온 저 자신을 발견하게 되었습니다.

새로운 여정을 시작하는 여러분께 전하고 싶은 진실은, 과거의 상처와 아픔이 우리를 더욱 강인하고 지혜로운 존재로 만들어준다는 사실입니다. 아팠던 시간에 연연하지 마세요. 자신의 내면을 깊이 성찰하고 자신을 사랑할 수 있는 용기를 가지는 것, 그것이 무엇보다 중요합니다. 그런 용기를 가질 때, 우리는 순수한 평온과 따뜻한 기쁨을 맞이할 수 있을 것입니다. 아울러 사랑하는 이들과 함께하는 소중한 순간들을 마음 깊이 새기는 것, 그 또한 잊지 말아야 할 일입니다.

이제 저는 갇혀 있던 사고의 틀에서 벗어나, 열린 마음으로 세상을 바라보고자 합니다. 포용력 있는 자세로 사람들을 대하고, 인생의 진면목을 꿰뚫어 보는 지혜로운 안목을 갖추고자 합니다. 비록 인생은 예측 불가능한 여정이지만, 그 여정 속에서 우리는 경이로운 깨달음과 성장의 기회를 발견할 수 있습니다.

이 시집 "활짝 핀 웃음"은 제가 걸어온 고통과 치유, 그리고 사랑의 발자취를 담은 영혼의 노래입니다. 이 책이 여러분께 전하고자 하는 메시지는, 삶의 험난한 길목에서도 희망의 등불을 발견하고 기쁨의 양식을 얻을 수 있다는 것입니다.

새로운 출발은 언제나 두려움을 동반하지만, 그 두려움을 극복하고 앞으로 나아갈 때 우리는 진정한 삶의 성장을 이뤄낼 수 있습니다. 인생의 고비에서 가장 중요한 것은 자신을 믿고 사랑하는 일입니다. 그 믿음과 사랑이 우리를 한층 더 높은 경지로 이끌어 줄 것입니다.

저 역시 많은 역경을 겪었지만, 글을 쓰는 과정에서 마음의 위안과 깨달음을 얻을 수 있었습니다. 바라건대 이 시집이 여러분에게도 치유와 성찰의 계기가 되어, 인생의 밝은 길잡이로서 앞으로의 발걸음을 비추고, 수많은 도전 속에서도 작은 행복의 자취를 발견할 수 있기를 진심으로 희망합니다.

마지막으로, 이 시집을 읽어주신 여러분께 깊은 감사를 드리며, 저에게 세상과 소통할 용기를 북돋워 준 DH께 존경과 사랑을 바칩니다. 매 순간 자신을 사랑하는 삶 속에서 활짝 핀 웃음이 가득하시길 기원합니다.

- 양수진 -